LES DE'GOUTS
DU
PLAISIR:
FRIVOLITÉ.

- - - - - - - Quem ſemper acerbum,
Semper honoratum, ſic Dii voluiſtis, habebo.
Virg. Aenæid. Lib. v.

LAMPSAQUE,

MDCCLII.

A

MADEMOISELLE AUGUSTE,

Danseuse de l'Opera.

MADEMOISELLE,

A qui offrirai-je cet ouvrage, qu'à vous, qui y jouez un si brillant rôle?

Zaïre est ton ouvrage,
Il est à toi puisque tu l'embellis.

Agréez l'hommage que je vous en fais; je n'ai que votre amusement pour but; une tendre reconnoissance de vos bontés

A 2 m'en-

m'engage à le rendre public. Mon amour propre n'y entre pour rien ; une misère de cette nature pourroit-elle l'intéresser? Ninon *n'a eu de panégiriste qu'après sa mort ; vous jouïrez de votre réputation pendant votre vie. Puissiez-vous m'en savoir gré. Sans moi la Postérité eut ignoré qu'avec plus de libertinage, vous eutes peut-être autant de vertus qu'elle. J'ai l'honneur d'être*

MADEMOISELLE,

Votre très-humbe &
très-obéissant
Serviteur

A . . . ce 12.
Juillet 1752.

DE LA B***.

FRI-

FRIVOLITÉ.

J'ÉTOIS dans l'âge où les paſſions ſe font ſentir avec le plus de vivacité. Sans avoir d'objet déterminé, je me portois avec ardeur à tout ce qui pouvoit flatter le goût que j'avois pour le plaiſir.

UN ſoir, entrainé par oiſiveté au ſpectacle, je trouvai dans une loge, une jeune perſonne que je n'avois pas encore vu. Tout ce que la beauté a de plus enchanteur, tout ce que les graces ont de plus séduisant, se trouvoit réuni en elle. Surpris de ne pas connoitre une femme aussi aimable, je demandai son nom. On m'apprit que c'étoit Madame D * * arrivée depuis peu à *Berlin*; que le petit borgne que je voyois à côté d'elle, étoit son mari; qu'il étoit jaloux par tempérament & commode par raison; qu'il ne permettoit à personne de voir sa femme, & que si le Duc de L * * * étoit excepté de la règle, ce n'étoit que parce qu'il est excessivement généreux. Ce recit ne me satisfit guères. A pei-

peine avois-je eu le tems de revenir de mon prémier trouble, que je me vis un mari jaloux & un amant favorisé à combattre.

Je ne me décourageai cependant pas. Le spectacle me fournissoit assez naturellement l'occasion de lui addresser la parole. J'en profitai pour lui dire de ces choses qui, sans dégouter par leur fadeur, pouvoient lui faire remarquer à quel point j'étois touché de sa figure. Il me parut à ses réponses qu'elle me sut gré de la façon dont je lui rendois mes sentimens. Le son de sa voix acheva de porter le trouble & le desordre dans un cœur qui ne respiroit plus que pour elle.

JE lui demandai la permission de la voir chez elle. Sans me refuser, elle me fit sentir, que dépendant d'un mari, il étoit juste que je fisse sa connoissance avant de penser à cultiver la sienne. Je trouvai qu'elle avoit raison, & m'étant fait présenter sur le champ à son *Argus*, je tâchai de l'apprivoiser par mes politesses, en attendant les occasions de l'endormir. On m'avoit dit qu'il aimoit la bonne chère: je lui proposai de souper chez moi; & je vis avec satisfaction que cette offre deridoit plus son front que tous les propos flatteurs que je venois de lui prodiguer.

J'EN tirai un bon augure,

&

& l'aïant dit à sa femme, j'eus la satisfaction de me voir accorder de la façon la plus flatteuse, la permission que je lui avois demandée. J'achevai de perdre pendant le reste du spectacle, le peu de raison qu'elle m'avoit laissé ; chaque instant me faisoit découvrir de nouveaux attraits, & je la quittai si éperdu, que j'oubliois presque la partie que je venois de lier avec son mari. Il m'en fit souvenir en me demandant si j'avois une place à lui donner : je dis qu'ouï ; & aïant ramené Madame en carosse, je le fis monter dans le mien & le conduisis chez moi.

Si le commencement de la soirée avoit été délicieux pour

 moi,

moi, que la fin y répondit peu! D * * étoit le magot le plus desagreable que j'aie jamais connu. D'une figure ignoble, l'esprit faux, & sans aucun usage, je n'eus d'autre ressource avec lui que de le faire boire excessivement; & j'y réussis si bien, qu'au bout de quelques heures je le renvoyai mort ivre au logis.

Il m'avoit dans la chaleur du vin, fait promettre de le venir voir: je n'y manquai pas dès le lendemain ; le prétexte de demander des nouvelles de sa santé, après la débauche qu'il avoit faite, étoit trop naturel pour ne pas m'en servir.

Quoique j'y fusse avant le di-

diner, je le trouvai déjà ſorti. Je demandai Madame : on me fit longtems attendre, mais à la fin j'obtins la permiſſion d'entrer. Elle étoit encore au lit. Qu'on me dispenſe ici de faire le détail des ſentimens, que ſa vuë m'inſpira : malgré le cruel état où je ſuis réduit en écrivant ceci, je ſens encore tout mon ſang s'enflammer au ſeul ſouvenir de cet inſtant. Je vous reçois, me dit-elle en entrant, malgré la loi que je m'étois impoſée de ne voir perſonne. Je me conforme en cela à l'humeur de mon mari; toutes mes connoiſſances ſe bornent au Duc de L * * * (c'étoit lui dont on m'avoit parlé

la

la veille.) Les ſentimens que vous m'avez témoignés hier, me font eſpérer que je n'aurai pas lieu de me repentir d'une diſtinction que je ſerois fachée d'accorder à tout autre qu'à vous.

Ce compliment fut proféré avec tant de graces, ſa beauté étoit ſi touchante dans le ſimple négligé, toute ſa figure reſpiroit une volupté ſi ſéduiſante, que je ne fis qu'un ſaut pour me précipiter aux piés de ſon lit. Un de ſes bras d'yvoire qu'elle ſortoit, eut le prémier à eſſuyer toute la vivacité, toute la fureur de mes transports. Non, m'écriai-je, non, Madame, jamais vous n'aurez lieu de vous en repentir. Je ne veux vivre, reſpi-

respirer, exister, que pour vous adorer, & vous le dire sans cesse. La bonté avec laquelle elle recut cette saillie, m'enhardit à pousser mes entreprises plus loin.

QUE de beautés, grands Dieux! s'offrirent à ma vuë dans ce tendre badinage. A la mollesse de sa résistance, je crus déjà être arrivé à l'instant de mon bonheur. Déjà mes yeux troublés par l'ardeur de mes désirs, ne la distinguoient plus qu'imparfaitement; je ne pouvois proférer que quelques accens sans liaison & sans suite; mais plus j'approchois de ce terme désiré, plus je sentois augmenter la résistance qu'elle m'opposoit.

J'EN fus étonné; mais elle me pria ſi ſérieuſement de la laiſſer, elle étoit ſi peu émue en me faiſant cette prière, que je ſentis avec douleur que j'aimois une femme qui, maîtreſſe de ſon tempérament, n'en avoit point de ſurpriſe à craindre, & qui ne ſe rendroit que quand elle le voudroit bien.

J'EUS lieu de me confirmer par la ſuite dans cette idée. Deux mois de ſoins & d'aſſiduïtés ne m'avancèrent presque de rien. L'étude que je fis pendant ce tems de ſon esprit & de ſon caractère, m'apprit que ſi j'avois des difficultés à ſurmonter, elles ne venoient ni de la jalouſie de ſon mari, ni de ſon penchant pour le Duc de L***.

L***. Elle le ménageoit par des vuës d'intérêt; & j'avois même lieu d'être flatté des précautions qu'elle prenoit, pour qu'il ne se rencontrât jamais chez elle quand j'y venois.

Ce faux air de bonne fortune ne me satisfaisoit cependant pas. Cent fois je lui avois peint l'amour que je ressentois, des couleurs les plus vives; cent fois ces larmes délicieuses enfantées par le sentiment, lui avoient prouvé la sincérité de mes feux: quelquefois je croyois être venu à bout de lui faire partager mon ardeur; mais que je me trouvois loin de mon compte, quand je voulois en exiger des preuves qui ne fussent point équivoques? Entiètièrement dominée par l'intérêt, elle proportionnoit ſes ſentimens aux avantages qui lui en revenoient. Je crus donc devoir changer de methode, pour venir à bout d'un cœur dont la poſſeſſion étoit devenue néceſſaire au bonheur de ma vie. J'y arrivai un jour ſans m'être fait annoncer. Attaquée d'un leger mal de tête, elle s'étoit miſe ſur ſon lit. Monſieur D** jouoit du violon pour ſe diſpenſer de lui répondre. Elle vouloit lui faire acheter quelques bijoux, dont elle avoit envie. Je me rangeai de ſon côté; mais voyant qu'il n'y avoit pas moyen de faire entendre raiſon au mari, je dis au Marchand de mettre de côté les pièces qu'elle avoit choiſies,

ſies, & que je les gardois pour mon compte. Me panchant en même tems ſur le lit aux piés duquel j'étois aſſis, je la priai de vouloir bien accepter ce foible gage de l'envie que j'avois de lui être utile. Elle fit ſemblant de me refuſer, mais ſes yeux me peignoient trop le gré qu'elle me ſavoit de mes offres, pour que j'en fuſſe la dupe. Je ſentois même une de ſes mains qui ſerroit imperceptiblement la mienne; il étoit juſte de lui en témoigner ma reconnoiſſance. Elle fut dans un inſtant couverte de baiſers pleins de flamme. L'attitude dans laquelle je me trouvois, avoit par je ne ſais quel hazard, rapproché une jambe divine du bras ſur lequel j'éj'étois appuyé. J'osai hazarder ma main à toucher une pièce aussi intéressante ; je gagnois insensiblement du terrain ; Dieux, que devins-je à l'approche des beautés que je découvris ! Vous me perdez me dit-elle d'une voix entre-coupée, mon mari . . . . mais son mari étoit trop occupé de son violon pour faire attention à notre manége. Quelquefois un leger serrement sembloit m'interdire l'entrée du Sanctuaire. Le nouveau dégré de vivacité que je mis à mon badinage, me fit remarquer avec satisfaction, qu'entièrement dominée par le sentiment, elle se prêtoit avec complaisance à tous les mouvemens qu'une imagination libertine me suggegeroit. Sa reſpiration ſuſpendue ne laiſſoit qu'à quelques ſoupirs étouffés la liberté du paſſage. Un mouvement convulſif que je remarquai dans tous ſes membres, m'apprit qu'elle en étoit enfin à ce doux frémiſſement, à ce tendre delire, qui font le dernier période de la félicité. Je me colai ſur ſa bouche, pour recevoir ſon ame prête à s'envoler & errante ſur le bord de ſes lèvres; je ſentois moi-même toute la mienne fondue par l'ardeur qui me conſumoit. Toute la nature m'étoit étrangère dans ce moment; le mari avoit disparu à mes yeux. Soit que ſon violon l'occupât trop, ou que les bijoux étalés ſur la table l'euſſent ébloui, il nous laiſſa tout le tems de revenir à nous-mêmes.

Nous fumes ſurpris de nous être laiſſés emporter auſſi loin devant un tiers auſſi peu fait pour être témoin de notre bonheur. Il falloit lui faire approuver le préſent que je venois de faire à Madame; rien n'étoit plus aiſé. Je lui dis en badinant qu'un mari n'étoit fait que pour ſatisfaire les fantaiſies d'une femme, ſur-tout d'une femme auſſi aimable que la ſienne; que pour lui en donner l'exemple, je la priois de vouloir bien accepter les bagatelles dont elle avoit témoigné avoir envie. Il ne voulut rien décider, & ſortit en me diſant, que c'étoit à moi à faire accepter à ſa femme un préſent

ſent auſſi conſidérable. J'avois ainſi toute la liberté de la perſuader. Elle ſe defendoit encore pour la forme; mais je la preſſai avec tant d'inſtances, qu'elle accepta enfin ce qu'elle eut été bien fâchée de refuſer.

Nous étions ſeuls, rien ne nous gênoit plus; ſa reconnoiſſance n'oppoſoit plus le moindre obſtacle à mes déſirs. Un négligé des plus legers me paroiſſoit encore derober trop de charmes à ma vuë. J'écartai tous ces obſtacles importuns. D'une main je ſerrois ce ſein charmant formé de la main des Graces, tandis que l'autre s'égarant inſenſiblement, ſe ſentoit comme entrainée vers le centre du plaiſir. Tous ſes charmes étoient en proie à mon ardeur, chaque partie recevoit un hommage diſtinct de ma bouche. Je n'eus bientôt plus rien à déſirer. Entièrement livrée aux attraits de la volupté, elle me prodigua careſſe pour careſſe, transport pour transport, ſoupir pour ſoupir, avec ce tendre emportement, avec cette douce fureur, que le delire des ſens produit mais que l'art n'imite point. Un torrent de delices dont nous nous ſentimes inondés en même tems, nous fit tomber dans cet état d'anéantiſſement, ou l'ame comme par un enchantement, trouve toutes ſes facultés ſuſpendues, & ne revient à ſoi que pour ſe replonger dans le même néant.

JAMAIS je n'avois éprouvé de félicité plus parfaite. Je voyois l'objet qui m'avoit coûté tant de ſoins, ſe livrer à toute mon ardeur. J'avois la ſatisfaction de voir ſon cœur, au moins de moitié, dans ce qu'elle avoit cru n'avoir accordé qu'à l'intérêt. J'outrageois par un endroit bien ſenſible le Duc de L*** à la fortune duquel je ne pardonnois point de me l'avoir fait préférer ſi longtems. Quon juge du dégré de vivacité que toutes ces conſidérations ajoutoient à l'ardeur de mes déſirs. La jouiſſance bien loin d'éteindre mes feux, me fit trouver dans mon imagination des reſſources qu'on ne connoit qu'à l'âge de vingt ans.

Que j'étois éloigné de prévoir le funeste sort qui m'attendoit. Il est vrai que j'avois remarqué, qu'en ne refusant rien à mes désirs, elle ne sembloit pourtant s'y livrer qu'à regret. J'avois surpris ses yeux fixés sur moi d'un air plein d'intérêt, qui avoit même une legère nuance de douleur. Mon amour propre m'avoit persuadé que c'étoit ou le regret de ne m'avoir pas cédé plutôt, ou la honte d'avoir fait par intérêt, ce qu'elle auroit présentement voulu m'accorder par goût: mais je me trompois également, & je ne tardai guères à en être éclairci.

La nuit étoit avancée, j'avois besoin de repos; je pensai donc à me me retirer. Un ſommeil de douze heures répara mes forces ; mais jamais reveil ne fut plus cruel pour moi. Grands Dieux ! encore quand j'y penſe j'ai peine à m'en perſuader la vérité.

La petite D * * en échange du plaiſir que je lui avois donné, m'avoit fait le préſent le plus funeſte. Le venin qu'elle m'avoit communiqué, avoit fait des impreſſions d'autant plus profondes, qu'aſſaiſonné par la volupté je n'avois pas été en garde contre ſes atteintes. Dans une nuit, tous les ſimptomes de ce fleau de l'humanité s'étoient manifeſtés de la façon la moins équivoque. Je voulus pour être plus ſûr de mon deſaſtre, conſulter d'*Alichan*. Il me confirma ce que je ne ſavois déjà que trop, & me condamna à une retraite de deux mois. Je me ſoumis à ſes ordonnances, voyant qu'il ne me reſtoit point d'autre parti à prendre; mais je voulus prémièrement décharger ma fureur contre l'indigne cauſe de mon mal. Je lui envoyai une lettre, où rien ne fut oublié de ce que le regret d'avoir été pris pour dupe, la douleur que me cauſoit mon mal, & la rage de ne pouvoir aller la traiter comme elle le méritoit, pouvoit m'inſpirer de plus ſanglant. La réponſe qu'elle me fit desarma toute ma colère. *Née coquette & intéreſſée, elle n'auroit jamais ſoupçonné*, me diſoit-elle, *qu'elle eût un cœur, ſi je ne le lui avois fait*

fait ſentir. Le mauvais état de ſa ſanté l'avoit empêché, pendant deux mois, de me laiſſer ravir ce qu'elle mouroit d'envie de m'accorder; que c'étoit par une ſurpriſe de ſes ſens, que j'étois venu à bout de triompher de ſes réſolutions, mais que dans l'inſtant-même que je la comblois du plus de plaiſir, elle n'avoit pu s'arracher à la douleur de me payer d'un ſi cruel retour. Elle me r'envoyoit mes préſens, en employant tout ce qui pouvoit le plus ſervir à me conſoler.

Je me contentai de la plaindre ne pouvant plus la haïr, en jurant cependant de ne la revoir jamais. J'étendis ma réſolution ſur tout ce ſexe dont j'avois été

ſi

ſi cruellement traité. Une retraite aſſez longue, à laquelle mon mal m'obligea, ne ſervit qu'à me confirmer dans le dégout que j'avois du monde. Je me ſévrai entièrement de toute ſociété; & retiré chez moi, je cherchai dans l'étude, des douceurs que je n'eſperois plus de trouver ailleurs.

Le dépit me fit pendant quelque tems ſupporter ce genre de vie, mais je ne le ſoutins pas longtems. Le beſoin de ſociété ſe fit ſentir chez moi à meſure que ma ſanté ſe rétabliſſoit. Je réſolus donc de vivre avec des gens que je déteſtois, de me prêter à tous leurs ridicules, & de chercher des ſujets d'amuſement dans ces mêmes femmes qui,

qui, par mon inexpérience, m'avoient causé des chagrins si sensibles. Une grande dissipation, beaucoup d'indifférence en général, & encore plus de mépris pour la plupart d'elles en particulier, entroient dans le plan de vie que je me proposois de suivre. Je ne sais si je l'ai exécuté.

Un jour qu'excédé d'un de ces diners perfides qu'on est convenu de nommer amusants, je me retirois tristement chez moi, je vis beaucoup de lumières chez la *Auguste*. J'y fis arrêter mon carosse. Il y avoit du tems que je ne l'avois vue ; des engagemens plus sérieux ne m'avoient permis de m'en amuser que dans les intervalles qu'ils m'avoient lais-

laiſſés. Une figure paſſable, ſoutenue d'un grand uſage, & même de cette impudence que le théatre ſeul donne, la rendoit divine à ces fètes où l'on ne ſacrifie qu'a *Bachus* & à la Déeſſe de *Cithère*. J'entrai ſans me faire annoncer. La porte de ſon cabinet étoit entre-ouverte. Elle parloit avec chaleur. Un mouvement de curioſité me fit avancer ſur la pointe des piés. Je la vis, à travers la fente de la porte, qui tâchoit de ſe démêler avec vivacité d'entre les bras du Prince * * *. Il l'entretenoit depuis peu de jours, choſe que j'ignorois. Non, lui diſoit-elle, ce n'eſt point à moi qu'on fait des propoſitions ſemblables ; je croyois

croyois & par mon âge & par ma figure, être au dessus d'une prétention aussi ridicule. Que vous connoissez peu ma façon de penser, si vous me croyez capable de faire par un vil intérêt! . . . . . Ah! s'écria le Prince en éclatant de rire, que je meure si ne voilà du sentiment . . . . dans la bouche d'une fille aussi respectable que la *Auguste* . . . mais, mon cher *Timnis*, dit-il, en s'addressant à un joli Page que je ne voyois que dans la glace, mon cher *Timnis*, ne la trouves-tu pas admirable? Ce n'est pas au reste, ma chère *Auguste*, continua-t-il en prenant un ton plus sérieux, que je ne te trouve très-aimable; mais tu m'avoueras qu'il se-

ſeroit ridicule d'aller au ſolide avec toi, pendant qu'il ne dépend que de moi d'avoir infiniment mieux.

Je te ſacrifie cependant tout, & quand je veux bien t'avoir l'obligation d'un plaiſir que je ne ſaurois me procurer par des femmes d'un certain ordre, tu vas je ne ſais à propos de quoi, faire la bégueule à ſentiment, & te retrancher ſur ces lieux communs ſi uſés qu'ils me font périr, mais au vrai périr d'ennui.

Le Prince s'étoit pendant cette converſation intéreſſante approché inſenſiblement d'elle. *Timnis* la tenoit ſur ſes genoux, plus par contenance que pour être en état de pouſſer l'avanture. L'une de de ſes mains avoit déjà disparu, pendant que de l'autre il tâchoit de conduire celle de la *Auguſte* à l'endroit qu'il venoit de lui propoſer. *Timnis* de ſon côté faiſoit la même choſe, & commençoit à éprouver un ſentiment délicieux à l'attouchement d'une main charmante, lorsque s'arrachant d'eux avec effort, elle alla ſe placer en pleurant de rage, dans un coin oppoſé de la chambre. Mais quel enfantillage! lui dit *Timnis*, dont l'magination échauffée avoit de la peine à reſter en ſi beau chemin; je ne conçois pas comment pouvant avec de la complaiſance, nous obliger en même tems, vous .... Eh! je vous conjure, interrompit *Augu-*

ſte, en ſanglotant, épargnez moi ces propos; il eſt trop humiliant de ſe voir expoſée à ces indignités, quand on a une figure à prétendre à quelque choſe de plus; mais vous êtes des monſtres . . . Ah trève d'épithètes, s'écria le Prince, n'eſt-il pas du dernier plaiſant de voir une . . . . Eh de grace, interrompit *Timnis*, qui ſe ſentoit dans ce moment avoir plus beſoin que jamais des bontés de la Belle, ne l'aigriſſez pas davantage: Ma chère *Auguſte*, continua-t-il, s'approchant d'elle, aïez pitié du feu qui me conſume; j'aurois tort de ne pas vous donner les preuves les moins équivoques de mon ardeur, ſi depuis que je ſuis au ſervice de ſon

Al-

Altesse, je n'avois perdu la faculté de .... Je vous dispense de ces détails, repliqua-t-elle, en le repoussant avec dedain; plut au Ciel que je fusse hors d'ici, je jure bien .... N'y aïant cependant pas apparence de vous tirer de nos mains, reprit le Prince, il me semble qu'il seroit tout simple de vous prêter à notre foiblesse, au-lieu de perdre, par un caprice inconcevable, un tems dont nous sommes comptables à l'amour. Ma chère *Auguste*, continua-t-il, en s'approchant d'elle avec passion, & l'accablant des caresses les plus tendres, au nom de tes charmes, au nom des plaisirs que je voudrois pouvoir te faire goûter, considère l'impression que tu fais ſur moi, qui cependant ne me ménera à rien, ſi d'une main ſécourable tu ne réaliſes les idées ſéduiſantes que ta figure fait naître en moi. Ah! c'en eſt trop, s'écria *Auguſte*, outrée de la continuïté de ce propos, laiſſez moi, ou je ne ſais à quoi mon juſte dépit pourroit m'engager.

En diſant ceci elle ſe démela avec fureur d'entre ſes bras, & fut ſe jetter ſur un Sofa, donner un libre cours aux larmes qui la ſuffoquoient. N'eſt-elle pas folle, dit le Prince à *Timnis*, en ſe tournant de ſon côté; mais *Timnis* n'étoit guères en état de faire attention à ce discours. Rebuté des caprices de la *Auguſte*, il cherchoit à ſe procurer par lui-

mê-

même ce qu'il n'avoit pu obtenir de ſes bontés. Arrête, cher *Timnis*, s'écria le Prince, il ſeroit injuſte que tu ſacrifias ſeul à la Divinité du temple, pendant que conſumé de déſirs impuiſſans, je puis en avançant tes plaiſirs, espérer de ton amitié les ſecours que les fantaiſies de Mademoiſelle me refuſent. Ouï, cher *Timnis*, continua-t-il en ſe mettant à côté de lui, & l'embraſſant voluptueuſement, tu ſais combien je t'aime, tu connois la force des engagemens qui nous lient, augmentons s'il ſe peut, & reſſerrons en les nœuds par l'attrait du plaiſir.

Il accompagnoit ces propos des procedés les plus capables de convaincre *Timnis* de la ſincérité de ſes intentions. Arrêtez, divin Prince, s'écria-t-il d'une voix entrecoupée, vous me faites mourir; cher Prince, que vous êtes aimable! Le Prince ne proféroit plus rien de ſuivi; collé ſur la bouche de *Timnis*, on n'entendoit que quelques ſoupirs ou des accens ſans liaiſon & ſans ſuite. Leurs ames égarées n'étoient plus ſuſceptibles d'aucune impreſſion étrangère; uniquement livrés au ſentiment, ils éprouvoient un delire d'autant plus enchanteur, qu'ils étoient les maîtres de le prolonger, & de ſavourer à longs traits ces inſtans fortunés, du peu de durée deſquels on ſe plaint à ſi juſte titre.

Quel ſpectacle pour *Auguſte!*

ſte ! La nouveauté de l'outrage lui ôtoit la force de s'en plaindre. Elle ne ſeroit pas ſitôt ſortie de cet état, ſi la fin des plaiſirs de ſes adverſaires ne l'en avoit tiré.

MA curioſité étoit plus que ſatisfaite. Je n'étois monté que pour me diſtraire des idées ſombres qui me ſuivoient par-tout, & par un heureux hazard, je venois d'être témoin de la ſcène la plus conſolante pour moi, par l'humiliation ſingulière que venoit de recevoir un ſexe que j'avois tant raiſon de déteſter. Je n'attendis pas le denouëment de la pièce, de peur d'être ſurpris dans mon poſte. Je paſſai dans un Appartement voiſin pour laiſſer ſortir le Prince. Il ne tarda guères, & je le vis paſſer aïant ſon cher *Timnis* ſous le bras.

Curieux de ſavoir ce qu'*Auguſte* faiſoit, j'allai à ſon cabinet comme ſi je ne faiſois que d'arriver. Je viens ſouper chez vous, lui dis-je en entrant, voudriez-vous de moi ? Le zèle avec lequel elle ammortiſſoit le feu brulant que les libations du Prince venoient d'allumer en elle, ne lui laiſſoit pas la liberté de me répondre. Pardon mon cher, me dit-elle, je ſuis. . . . Elle ne put pas m'en dire davantage. Déjà elle ſentoit ces avant-coureurs du plaiſir qui nous enlèvent à nous-mêmes ; déjà ſes yeux ſe troubloient & ſembloient ne devoir ſe r'ouvrir qu'au retour du ſentiment, qu'un

ex-

excès de volupté émoussoit en elle ; lorsque par une œconomie délicate, je lui vis arrêter l'instrument, ministre de ses plaisirs, & fixer cet éclair de volupté, qui par son trop de rapidité échappe à la plupart des mortels.

TROIS fois elle sut ainsi retenir son ame prête à s'envoler, & ce ne fut qu'à la quatrième que forçant tous les obstacles que ses organes lui opposoient, elle vint se concentrer au temple de la volupté, & sortir avec effusion par sa porte sacrée.

REVENUE de son égarement, elle me salua de cet air aisé qu'un grand usage du monde peut seul donner. Bon soir, mon cher Baron, me dit-elle, je suis furieuse.

Le Prince * * * sort d'ici, il m'a excédé par cent mauvais propos: que je suis comblée de vous voir! il ne m'en falloit pas moins pour me passer l'humeur qu'il m'a donné. Tout de suite elle fut donner ses ordres pour le souper; il fut original. Elle déchira toute la ville à l'entrée ; elle parla sentiment à la prémière bouteille de Champagne , & elle s'attendrit tellement au dessert , que j'eus toutes les peines du monde à la contenir par le jargon & les persiflages reçus en pareil cas. Ses prétentions m'étoient connues; j'en étois effrayé; je voulus donc détourner son attention vers quelque objet capable de la fixer pendant quelque tems. Vous me de-

devez, lui dis-je, le détail de votre rupture avec le Baron H***, & de votre nouveau bail avec le Prince *** ; voici l'occasion de vous acquitter. Elle me refusa ; quelques verres de Champagne que je lui versai coup sur coup, la persuadèrent ; elle voulut même pour plus de clarté, reprendre les choses de plus haut. La dose de vin dont elle s'étoit chargée, me garantissoit la sincérité du recit qu'elle alloit me faire.

Je ne vous parlerai pas, me dit-elle, des avantures que j'ai eu dans mon païs. J'étois confondue dans la foule des Prêtresses de Venus; vous ne connoissez pas les gens dont je pourrois vous parler ; ce seroit me rappeller un souvenir tri-

triſte, ſans peut-être vous amuſer. Je paſſe tout d'un coup à mon arrivée dans ce païs; ce n'eſt proprement qu'ici que je commence à devenir intéreſſante pour vous. Je ſortois de Paris; je ſortois du ſein des plaiſirs; ce tempérament perfide que vous me connoiſſez, me faiſoit encore ſentir plus vivement le prix des biens que je venois de quitter. Le peu de connoiſſances que j'avois, me réduiſoit à quelques hommages obſcurs, qui irritoient plutôt mes déſirs qu'ils ne les ſatisfaiſoient. Le croiriez-vous? avec une figure paſſable, à la fleur de mon âge, j'étois obligée de recourir à ces dédommagemens frivoles qui pallient le mal, mais qui ne tiennent ja-

jamais lieu de la réalité. Quelle chûte, mon cher Baron ! ſans ceſſe employée en France, je me voyois réduite ici à ces miſères monacales. Mes ſacrifices étoient fréquens, je les réitérois ſans ceſſe, & je n'en ſuſpendois l'exécution que quand mon épuiſement m'en ôtoit les forces.

Je fis pendant ce tems quelques connoiſſances. L'impoſture du théatre ajoutoit au peu d'éclat que je puis avoir d'ailleurs. Au bout de huit jours, je me vis beaucoup de ſoupirans, & pas un entreteneur. Que devois-je, ou plutôt que pouvois-je faire dans la ſituation où j'étois ? Me rendre à celui qui me paroitroit le plus aimable, ſans conſulter mes intérêts ?

rêts ? Ce n'étoit pas le parti le plus prudent, ce fut cependant celui que je ſuivis.

Le Chevalier de C * *, Officier de Dragons, me vit au théatre. Je lui plûs, il me le dit, me propoſa à ſouper, & m'eut encore la même nuit. Quel mortel, mon cher Baron ! A la beauté de Mars il joignoit les forces d'Hercule. Sept fois il me prouva la vivacité de ſes ſentimens, & ſept fois je me plongeai dans le delire le plus enchanteur. Le jour vint interrompre nos plaiſirs. A peine étions-nous levés, qu'on vint me porter un billet de la part du Baron de H *. Il m'en avoit conté la veille ; ſa grande figure n'avoit guères fait d'impreſſion ſur

ſur moi : ſes propoſitions en firent davantage. *Il étoit fou de moi ; il ne s'en tenoit pas aux ſentimens ; pour me prouver ſa ſincérité, il m'offroit quatre cent livres de penſion par mois.*

CECI méritoit attention ; je conſultai le Chevalier : il eut la généroſité de me conſeiller l'acceptation du marché ; mais que je vis qu'il lui en coûtoit ! Non m'écriai-je, périſſe plutôt à jamais ma fortune, je ne veux vivre que pour vous. Le Baron fut refuſé avec hauteur ; les transports du Chevalier me prouvèrent bien toute l'étendue de ſa reconnoiſſance.

CE commerce dura pendant le Carnaval. Sa fin amena le départ

part du Chevalier pour ſa Garniſon. Jamais je ne pus me réſoudre à cette ſéparation; je pris le parti de le ſuivre. J'étois dans l'yvreſſe du plaiſir; pouvois-je ſentir le tort que je me ferois par cette démarche?

DEUX mois que je paſſai avec lui, s'écoulèrent comme un ſonge. Jamais je n'avois connu d'homme auſſi eſſentiel. Quand nous avions pouſſé le plaiſir jusqu'à la ſatiété, quand je le croyois anéanti, il renaiſſoit comme un Phœnix de ſa cendre. De nouveaux plaiſirs lui donnoient une nouvelle ardeur, un nouveau dégré d'amabilité. Il fallut enfin partir pour l'Opera, qui ſe joue au mois de Mars. Pourrai-je vous ren-

rendre à quel point cette ſéparation me trouva ſenſible ? non le ſentiment ne ſe rend point.

J'ARRIVAI à Berlin le deſeſpoir dans le cœur. Le gage de nos plaiſirs que je portois dans mon ſein y ajoutoit. Combien de mauvais propos n'eus-je pas à eſſuyer! Une fille de mon état avoir refuſé des propoſitions auſſi avantageuſes que celles du Baron H *. pour ſe donner par goût à un autre. Le cas étoit nouveau; à quoi ne devois-je pas m'attendre ſi ma groſſeſſe venoit à ſe découvrir? C'étoit un ridicule à n'en point relever. Il fallut pourtant y paſſer: on ſut que j'étois mère; & on y trouva non ſeulement à redire, mais on me donna même une permiſſion de me retirer, que je n'avois pas demandé.

Je n'eus rien de plus preſſé à faire que d'écrire au Chevalier. Je l'aimois toujours à la fureur; j'avois un enfant de lui, & par la perte de ma place, je me voyois prête à manquer de tout ſans ſon ſecours. Il ne tarda guères à m'en faire ſentir les effets. Son Banquier eut ordre de me donner tout ce qu'il me faudroit; mais que les nouvelles qu'il me marquoit, ajoutèrent encore à la triſteſſe de mon état!

On l'impliquoit dans mon affaire; on lui faiſoit un crime de m'avoir emmené de Berlin, pendant que j'étois au ſervice de la Cour, & de m'avoir par les ſui-

tes

tes de ſon commerce, mis hors d'état de danſer. On ne lui permettoit point de quitter ſa Garniſon; par-là je me voyois privée de l'unique genre de conſolation que l'eſperance de le voir me laiſſoit. Il finiſſoit en me conſeillant de m'en retourner en France; qu'une petite abſence diſſiperoit le bruit que cette affaire faiſoit, & que des tems plus heureux pourroient nous réunir.

Je ſentis bien que ce parti étoit le meilleur à prendre : ma fille étoit morte; rien ne m'arrêtoit dans un païs, où il ne m'étoit plus permis de voir mon cher Chevalier. Je revins à Paris; mon début y fut aſſez brillant; deux ans d'abſence me donnoient

 un

un air de nouveauté qui me mit à la mode. Mais que mon règne dura peu : ma ſanté s'étoit dérangée à force de lui donner de l'exercice. Une retraite de quarante jours me rétablit ; mais par une bizarrerie inconcevable, ce même public dont j'étois la victime, me ſut mauvais gré du mal qu'il m'avoit donné. On ne vouloit plus de moi à l'Opera ; j'étois réduite à ces manœuvres de Couliſſe, dont le profit ne paie pas le deshonneur, & qui ſont bien ſenſibles à une fille à ſentimens. Je tombai à la fin tellement, que je réſolus de quitter le monde qui me quittoit. Un Couvent étoit le ſeul objet de mes déſirs ; je choiſis celui de Madame *Paris*, à

cau-

cauſe de l'honnête liberté dont on y jouïſſoit. Mais, oh crime! oh honte! oh deſespoir! la *Paris*, la perfide *Paris* me refuſa. Elle connoiſſoit mes ſuccès, mais mes malheurs ne lui avoient pas échappé. J'eus beau la raſſurer ſur l'état de ma ſanté, je lui montrai en vain mes cicatrices, en vain je demandai, comme vétérane, une place aux Invalides de Cithère; elle eut la cruauté de me refuſer conſtamment.

Ici les ſanglots qui ſuffoquoient la pauvre *Auguſte*, l'empêchèrent de continuër. Je la conſolai affectueuſement; une razade de Champagne acheva de la tranquilliſer.

Vous voyez, mon cher Baron,

ron, continua-t-elle, les crimes de mes concitoyens. Idolatres du plaisir, ils le recherchent avec la plus grande ardeur ; & par une inconséquence affreuse, ils en méprisent les instrumens. J'étois dans toute l'horreur de la situation que je viens de vous peindre, lorsqu'une lettre de mon cher Chevalier vint m'en tirer d'une façon bien agréable.

Il me marquoit, *que mon départ avoit entièrement assoupi les affaires qu'on lui avoit voulu faire à mon occasion ; qu'il étoit de nouveau à Berlin, & que si je voulois reprendre mon ancienne place, il se flattoit de me la faire retrouver.* Il n'y avoit pas à balancer : je partis sur le champ lui

lui porter ma réponſe moi-même. Ma patrie ne me coûta pas un regret; outrée de ſon ingratitude je la quittai en maudiſſant le jour qui m'y avoit vu naître.

Quel ſentiment délicieux n'éprouvai-je pas en me retrouvant entre les bras du Chevalier !

Il ne m'attendoit pas ſi tôt: qu'on juge du dégré de vivacité qu'après une abſence d'un an, une réunion imprévue ajoutoit à nos transports. Au bout de quelques jours, il me fit r'avoir ma place à l'Opera. Il vint me l'annoncer le même ſoir. Vous voilà, me dit-il, de nouveau au ſervice de la Cour; ma tendreſſe pour vous eſt toujours la même, mais des raiſons indiſpenſables m'obligent à ceſſer de vous voir. Vous ſavez ce qu'il a penſé m'en coûter pour vous avoir été attaché : ne nous voyons plus en public ; & quand nous le pourrons, dédommageons-nous en particulier de la gêne que la raiſon m'impoſe. Il me conſeilla d'accepter les propoſitions que, depuis mon retour, le Baron H * perſiſtoit à me faire. Je pleurai beaucoup, & me réſolus enfin de laiſſer faire à ma raiſon une démarche que mon cœur desavouëroit toujours. Nos adieux furent ſcellés par les plaiſirs les plus vifs ; & les larmes occaſionnées par leur excès, vinrent ſe mêler aux pleurs que la douleur de nous quitter m'arrachoit.

Il repartit le lendemain pour ſa Garniſon. Le Baron vint le ſoir ſavoir mon dernier mot : il me trouva plus traitable qu'il ne l'espéroit ; & je lui accordai par raiſon ce que deux ans auparavant je lui avois refuſé par goût. Que je fus éloignée de trouver dans ce commerce les douceurs que j'avois goûté avec le Chevalier ! J'avois beau me faire illuſion ſur l'objet que je tenois entre mes bras ; je pouvois bien tromper mes ſens, mais il me reſtoit toujours un vuide affreux dans le cœur que je ne trouvois point à remplir. A combien de dédommagemens n'eus-je pas recours pour tromper ce foible cœur, qui ne pouvoit ſe paſſer d'aimer. Le pauvre Baron fut greluchonné par toute la maiſon du Roi. Gardes, Gardes du corps, Gens d'armes, tout me paſſa par les mains, & ne put cependant me faire retrouver ce bonheur que le ſentiment ſeul donne. Soit que le Baron eût appris les infidélités que je lui faiſois, ſoit qu'il fût dégouté par la jouïſſance, je vis inſenſiblement diminuër ſes empreſſemens; & à la fin du mois ſans me faire les moindres excuſes ſur ſon procedé, il me raya ma penſion pour la donner à la Comteſſe T** qui voulut bien me ſuccéder.

Je me conſolai de la perte de l'Amant, & ne regrettai que l'Entreteneur; mais je n'eus pas longtems à reſter dans le veuvage.

Le

Le Prince * * * s'eſt mis ſur les rangs; ſa conquête a flatté mon amour propre ; hier notre traité s'eſt conclu, & aujourd'hui nous devions le ratifier , mais je l'ai trouvé d'une ſingularité. . . . . Ici elle me fit le détail de ſon avanture telle que je l'avois vue.

Je ne pus m'empêcher de rire du feu qu'elle mettoit dans ce recit: je la conſolai de mon mieux; & lui aïant remontré qu'il étoit tems de nous ſéparer, je lui propoſai de la venir prendre le lendemain au ſoir, pour aller au bal de l'Opera. Elle y conſentit & je la quittai qu'il étoit quatre heures du matin.

Cette partie avoit plus fait d'effet ſur moi que ſix mois de dis-

dissipation n'auroient pu en produire. La folie de la *Auguste*, la naïve sincérité avec laquelle elle détailloit jusqu'à ses moindres sentimens, sa vocation décidée pour le plaisir, tout enfin me montroit en elle les vices en raccourci d'un sexe à qui j'avois tant d'intérêt à en trouver. Au moins les rachetoit-elle par sa sincérité, pendant que presque toutes les femmes y mettent le comble par une hypocrisie dont on n'est que trop souvent la dupe.

Je ne manquai pas le lendemain au rendez-vous, & je fus la prendre pour aller à la redoute. Le tems que j'avois été sans voir le monde, m'avoit entièrement dépaïsé sur toutes ces intrigues de so-

ſociété, & ces liaiſons qu'on ne remarque jamais mieux que dans le tumulte du Bal. Venez, me dit *Auguſte*, voyant mon embarras, que je vous remette au fait des intrigues du Bal dont vous avez entièrement perdu le fil. Je fus charmé de ſon offre, & allai m'appuyer avec elle ſur la baluſtrade qui ſépare le parterre du théatre. Nous voici, dit-elle, à portée d'examiner tous ceux qui entrent & ſortent. Ce *Domino* que vous voyez parler avec tant de feu, eſt le Juif H*. Il préfère L'honneur d'être bien avec la petite G*. à la Loi & aux Prophêtes. Il voudroit être fat, mais il n'en a pas l'esprit; elle le fait & a aſſez de force d'esprit pour troquer ſes agrégrémens contre les diamants du galant Israélite.

Vous voyez venir par le théatre ces deux Chauve-souris. Ils sont encore dans toute l'yvresse qu'un engagement, contracté depuis peu de mois, leur donne. A cette démarche pleine de graces, méconnoitriez-vous la D * *. A peine a-t-elle paru sur notre théatre qu'elle a fait les vœux de tous les hommes. Le Prince L * * * a été préféré, & reconnoit cette distinction par l'entretien le plus ruïneux. Elle l'enchaîne par tous les raffinemens de la luxure ultramontaine; & s'il a quelques substituts, vous savez assez que l'opulence est faite pour être greluchonnée. Mais quoi! déjà ils se ſéparent ? ouï elle va chez elle tout préparer pour la reception du Prince. Un cabinet meublé avec le luxe le plus recherché l'attend; tout y reſpire la volupté; un arroſoir à la main, elle va inonder tout le cabinet de ſenteurs exquiſes. Elle-même vêtue d'une robe de la gaze la plus transparente, va ſe mettre entre deux draps de taffetas noir, qui contraſtent avec les lis & les roſes de ſon teint. Mollement couchée, elle attend ſon cher Prince qui ne tardera pas à la ſuivre.

MAIS qui eſt cette femme que je vois tirer du côté de la porte avec ce grand garçon. Ah j'y ſuis; c'eſt la vieille Comteſſe D * * qui a entrepris l'éducation d'un d'un des Pages du Roi. L'épuisement que les jeunes gens à la mode jouent, la desespère. Apparemment qu'elle veut essayer si la vigueur primitive d'un Page ne vaut pas le sentiment usé de ces Vieillards décrépits à l'âge de vingt-cinq ans.

Voici un objet plus intéressant encore par sa singularité. Vous connoissez la jeune S * *. Depuis peu à la Cour, elle joint à ses agrémens naturels le mérite de la nouveauté. Elle y a pris au mieux ; une autre auroit à peine eu le tems de s'y reconnoitre; mais elle s'y trouve déjà avec du rouge, beaucoup d'étourderie, & un Amant. C'est lui que vous voyez assis à côté d'elle: je je vous le donne à deviner entre cent. . . . . Non, vous n'y êtes pas, c'eſt le beau P * * * *. Vous voyez que les gens de ſon état ſavent quelquefois plus que chanter. Auſſi mérite-t-il mieux qu'un autre d'être mis à l'emploi où elle le met. Il n'a ſouffert l'opération qu'à l'âge de douze ans, & s'en trouve dédommagé par la beauté des reſtes qu'il conſerve. Elle y gagne auſſi, car les proportions en ſont mieux obſervées. S'il ne lui donne pas des plaiſirs parfaits, *elle joue à l'ombre de la volupté*, ſans avoir les ſuites d'une virilité plus marquée à craindre.

J'ETOIS extaſié de la rapidité avec laquelle ma Compagne

faiſoit paſſer tant de tableaux différens en revue devant moi. Elle n'eut pas ceſſé ſi tôt, ſi un masque que je ne connoiſſois point, ne fût venu lui tenir de ces propos de Bal dont j'avois autrefois ſi ſupérieurement poſſédé le ton. Je voulus me mêler de la converſation; elle me pria de me taire: c'eſt le Prince * *, me dit elle, il me parle raiſon; laiſſez nous, je vous rejoindrai tantôt. Je la quittai comme elle m'en prioit. Curieux cependant de voir la ſuite de ſon avanture, je l'obſervai de loin, & je la vis ſortir pour monter avec le même masque dans un Fiacre. Comme je prévoyois que ſon abſence ne ſeroit pas longue, j'eus la patien-

ce

ce de l'attendre à la porte. Elle ne tarda guères à revenir; & je la vis descendre avec le même *Domino.* Je n'ai point de monnoie, ma chère *Auguste*, lui dit-il, payez, je vous prie, la voiture. Volontiers, reprit-elle, en tâchant de réparer le desordre auquel un tête à tête de Fiacre expose nécessairement; & en effet elle renvoya le Cocher satisfait de sa générosité.

RENTRE'E au Bal, elle ne tarda guères à me démêler. Bonne nouvelle, me dit-elle, le Prince vient de renouër avec moi une connoissance interrompue depuis plusieurs années. Nous avons été faire un tour en Fiacre; & demain son valet de chambre doit venir me témoigner ſa reconnoiſſance en beaux Louïs comptans. Mais ne parlez point de ceci, les engagemens que j'ai avec ſon frère, pourroient en ſouffrir quelque atteinte.

A peine avoit-elle achevé ces paroles, que je vis le masque qu'elle venoit de quitter venir ſur elle avec vivacité. C'eſt donc des Princes qu'il te faut, lui dit-il, prenant ſon ton de voix naturel, & l'apoſtrophant en termes aſſez durs, & de plus en Fiacre; quelle horreur! Reconnois ton Prince, c'eſt moi, dit-il, en ôtant ſon masque.

Qu'on juge de ſa ſurpriſe à la vue du petit N * * * danſeur à l'Opera. Il en avoit conté à *Augu-*

guste ſans ſuccès. Rebuté de ſes refus, il avoit employé le talent ſingulier qu'il poſſède d'imiter toutes ſortes de voix, pour contrefaire celle du Prince * *. *Auguste* trompée par cette reſſemblance, & par celle de la taille qui eſt à-peu-près la même, s'étoit laiſſée engager à la partie que je viens de rapporter. N * * * lui avoit promis de lui envoyer le lendemain vingt Louïs par ſon valet de chambre; & non content d'avoir eu ſes faveurs à credit, il lui avoit encore fait payer le Fiacre ſous prétexte de n'avoir point de monnoie.

Le tour étoit trop plaiſant pour y pouvoir tenir; j'éclatai. La pauvre *Auguste* pleuroit de rage. N *** continuoit ſes plaiſanteries, & avoit attiré tout un cercle de masques autour de nous, auxquels il contoit ſon avanture. J'eus à la fin pitié de ſon embarras. Venez, lui dis-je, la prenant ſous le bras, tâchons de nous tirer d'ici. L'entrepriſe étoit difficile; il falloit percer une foule de masques qui nous avoient entouré de tous côtés. Je l'eſſayai cependant; les brocards nous voloient de tous côtés; cela dégénéra en huée, & je ne ſais comment nous nous en ſerions tirés, ſans le ſecours de la Garde qui vint nous dégager.

JE ne crus pas devoir l'abandonner dans l'état où elle étoit. Je la fis monter dans mon carosroſſe, & la ramenai chez elle où je reſtai à ſouper. Elle pleura au commencement, mais elle a de la raiſon, & je parvins à la calmer.

LES larmes d'une jolie femme ont toujours eu du pouvoir ſur moi : j'aurois juré que jamais je ne me laiſſerois plus toucher ; mais le Bal m'avoit diſpoſé à la tendreſſe ; les larmes de la *Auguſte* m'avoient intéreſſé en ſa faveur, & ſa toilette qu'elle fit devant moi, acheva de me perdre. Elle n'avoit gardé qu'un ſimple corſet & un jupon ; dans cet état elle vint ſe placer ſur le Sofa où j'étois aſſis. Que faire ? *Auguſte* m'avoit des obligations & vouloit les reconnoitre ; j'étois jeune, & voyois une femme preſque nuë à mes côtés : nous fimes, elle par reconnoiſſance & moi par libertinage, ce que tant d'autres font tous les jours par amour ou par intérêt.

J'AVOIS été ſéduit par le feu de mon tempérament avant de penſer à la démarche que j'allois faire. Revenu à moi-même, je frémis du danger auquel je m'étois exposé. L'illuſtre *Auguſte* jouïſſoit rarement d'une ſanté ſans reproche ; je lui témoignai mes craintes. Elle ſe mit à pleurer, & m'avoua qu'elle ne faiſoit rien moins que ſe bien porter. Je voulus lui faire des reproches, mais elle me jura que l'aïant priſe dans le desordre où ſa douleur l'avoit réduite, elle m'avoit accordé par diſtraction des faveurs qui ne ne pouvoient que m'être funeſtes.

Je maudis l'étoile ſous laquelle j'étois né, en admirant la ſincérité avec laquelle elle me faiſoit un aveu dont elle auroit pu ſe dispenſer. Notre ſoupé fut aſſez triſte au commencement ; l'humeur que me donnoit l'acquiſition que je venois de faire, & le regret qu'elle avoit de ſon imprudence, ne nous inſpiroient guères de gaieté. Nous nous animames cependant, voyant que le mal étoit ſans remède ; & le Champagne nous fit tellement oublier nos chagrins, qu'au ſortir du repas je fus chercher entre ſes bras à perfectionner le mal qu'elle m'avoit donné.

D'*Alichan* fut rappellé le lendemain. Je priai la *Auguſte* de ſe faire traiter chez moi : elle en avoit beſoin ; & il étoit juſte qu'elle me tint compagnie dans une retraite dont elle étoit la cauſe. Son lit eſt vis-à-vis du mien ; nous faiſons tous les jours ces réflexions,

Le plaiſir violent dont je fus
enchanté,
D'un tourment de deux mois eſt
trop cher acheté ;
Qu'un autre que moi coure après
ce vain phantôme,
J'en connois le néant graces à
Monſieur ſaint Cosme ;
Et ſes ſacrés rechauds ſont l'u-
tile creuſet
Où l'or faux du plaiſir m'a pa-
ru tel qu'il eſt.

D'A-

D'Alichan nous flatte d'une guérison prochaine. C'est dans les momens où je me trouve moins accablé, que j'ai jetté ces avantures sur le papier. J'attens avec impatience l'instant où je pourrai sortir. Le retour de ma santé aménera celui de ma raison ; & le prémier usage que je ferai de ma liberté, sera d'aller dans quelque solitude, me dérober aux perfidies d'un sexe qui ne sera jamais aussi méprisé qu'il est méprisable.

F I N.

cette platte brochure
ci derriere ete faitte
a berlin pour une
danseuse [illegible] de cette ville
nommee augustte dont
les deux sauts ont ete
dansez a [illegible] paris

www.ingramcontent.com/pod-product-compliance
Ingram Content Group UK Ltd.
Pitfield, Milton Keynes, MK11 3LW, UK
UKHW020353180726
13839UKWH00003B/1064